CHARLES DICKENS

Im Tunnel

CHARLES DICKENS

Im Tunnel

Unheimliche Geschichten

Reclam

RECLAMS UNIVERSAL-BIBLIOTHEK Nr. 14423
2023 Philipp Reclam jun. Verlag GmbH,
Siemensstraße 32, 71254 Ditzingen
Druck und Bindung: Esser printSolutions GmbH,
Untere Sonnenstraße 5, 84030 Ergolding
Printed in Germany 2024
RECLAM, UNIVERSAL-BIBLIOTHEK und
RECLAMS UNIVERSAL-BIBLIOTHEK sind eingetragene Marken
der Philipp Reclam jun. GmbH & Co. KG, Stuttgart
ISBN 978-3-15-014423-7

www.reclam.de

Im Tunnel

»Hallo! Sie da unten!«

Als er eine Stimme so rufen hörte, stand er an der Tür seines Häuschens, die um den kurzen Stab gewickelte Flagge in der Hand. In Anbetracht der Natur der Umgebung hätte man glauben mögen, dass er mit Bestimmtheit wissen müsse, aus welcher Richtung die Stimme käme; aber anstatt nach der Stelle hinaufzublicken, wo ich auf der Spitze der Anhöhe stand, fast direkt auf der Höhe seines Kopfes, wandte er sich um und sah die Strecke hinunter. Die Art und Weise, wie er das tat, war höchst merkwürdig, obgleich ich für mein Leben nicht hätte sagen können, in welcher Hinsicht. Aber ich weiß, es war so merkwürdig, dass es meine Aufmerksamkeit erregte, obgleich ich seine Gestalt nicht ganz und nur im Schatten sah, unten im tiefen Bahnbett, und ich stand hoch über ihm, von der Glut eines zornigen Sonnenuntergangs so blendend übergossen, dass ich die Augen mit der Hand beschatten musste, ehe ich ihn überhaupt sehen konnte.

»Hallo! Sie da unten!«

Er wandte die Augen vom Gleis ab, drehte sich abermals um, hob die Augen auf und erblickte meine Gestalt hoch über sich.

»Ist ein Weg da, auf dem ich herunterkommen und mit Ihnen reden kann?«

Er sah zu mir herauf, ohne zu antworten, und ich sah zu ihm hinab, ohne ihn allzu früh mit einer Wiederholung meiner lässigen Frage zu belästigen. In diesem Augenblick glitt ein unbestimmtes Beben über den Erdboden und durch die Luft, das sich rasch zu einer heftigen Erschütterung und einem herannahenden Brausen steigerte, vor dem ich zurückwich, als hätte es Kraft, mich zu Boden zu reißen. Als das bisschen Rauch, das von diesem Schnellzug in meine Höhe aufgestiegen war, vorübergeglitten war und über die Landschaft hin schwebte, schaute ich wieder hinunter und sah, wie er die Flagge, die er gezeigt hatte, während der Zug vorbeifuhr, wieder um den kurzen Stab wickelte.

Ich wiederholte meine Frage. Nach einer Pause, während der er mich mit gespannter Aufmerksamkeit zu betrachten schien, winkte er mit seiner zusammengerollten Flagge nach einem Punkt auf meiner Höhe, der zwei- oder dreihundert Meter von mir entfernt war.

Ich rief zu ihm hinunter: »Alles klar!«, und ging auf diesen Punkt zu. Dort sah ich mich scharf um und entdeckte einen rauen, ausgekerbten Pfad, der im Zickzack hinunterführte und den ich verfolgte.

Der Geländeeinschnitt, in dem die Bahnstrecke verlief, war außerordentlich tief und ungewöhnlich steil. Er war durch ein feuchtes Gestein gebrochen, das, je tiefer ich kam, umso feuchter und schwammiger wurde. Aus diesem Grund kam mir der Weg ziemlich lang vor, und ich hatte Zeit genug, mich daran erinnern, dass der Bahnwärter mir den Weg mit einem seltsamen Anflug von Widerstreben oder Zwang gezeigt hatte.

Als ich auf dem Zickzackabstieg so weit hinabgeschritten war, dass ich den Mann wieder sehen konnte, bemerkte ich, dass er zwischen den Schienen in dem Gleis stand, auf dem soeben der Zug vorübergefahren war, in einer Haltung, als warte er auf mich. Er hatte die linke Hand ans Kinn gelegt, und der Ellbogen des linken Arms war in die Hand des rechten Arms gestützt, der quer vor der Brust ruhte. Seine Haltung drückte so gespannte Erwartung und Aufmerksamkeit aus, dass ich einen Augenblick stehen blieb, verwundert darüber.

Ich setzte meinen Abstieg fort, trat auf die Ebene der Bahnlinie, näherte mich ihm und bemerkte, dass er ein dunkler, blasser Mann war, mit dunklem Bart und ziemlich dichten Brauen. Seine Arbeit bannte ihn an den einsamsten, trübseligsten Fleck Erde, den ich je gesehen hatte. Zu beiden Seiten eine zum Tropfen nasse Wand rissigen Gesteins, die alle Aussicht versperrte und nur einen Streifen Himmel sichtbar ließ; die Perspektive war auf der einen Seite nur eine krumme Verlängerung dieses großen Gefängnisses; die kürzere Perspektive in der anderen Richtung endete in einem düsteren roten Licht und dem düsteren Eingang eines schwarzen Tunnels, in dessen wuchtiger Halle eine entsetzliche, drückende, ungesunde Luft herrschte. So wenig Sonnenlicht fand seinen Weg zu diesem Fleck hinunter, dass dort ein erdiger Totengeruch herrschte; und so viel kalter Wind brauste dort hindurch, dass mich ein Frösteln überkam, als hätte ich die natürliche Welt verlassen.

Ehe er sich rührte, war ich so dicht an ihn herangetreten, dass ich ihn hätte berühren können. Ohne selbst jetzt die Augen von meinem Gesicht abzuwenden, trat er einen Schritt rückwärts und erhob die Hand.

Er habe hier einen recht einsamen Posten zu verwalten (bemerkte ich), und meine Aufmerksamkeit sei rege geworden, als ich von dort oben herabgeschaut hätte.

Ein Besuch sei wohl eine Seltenheit, glaubte ich; doch wie ich hoffte, keine unwillkommene Seltenheit? In mir erblicke er lediglich einen Mann, der sein Leben lang in einen engen Bezirk eingeschlossen gewesen sei und, endlich freigelassen, ein neues Interesse an diesen großen Werken in sich erwachen fühle. In dieser Weise redete ich ihn an; doch bin ich keineswegs sicher, ob dies die Worte waren, die ich gebrauchte; denn abgesehen davon, dass ich mich ohnehin nicht besonders gut darauf verstehe, irgendein Gespräch zu beginnen, fiel mir an dem Mann etwas auf, das mir Furcht einflößte.

Er richtete einen höchst seltsamen Blick nach dem roten Licht hin, das an der Mündung des Tunnels brannte, und sah es von allen Seiten an, als fehle etwas daran, und dann erst blickte er auf mich.

Das Licht dort hätte er also auch zu besorgen? Nicht wahr?

Er antwortete mit leiser Stimme: »Wissen Sie das nicht?«

Als ich die starren Augen und das finstere Gesicht musterte, kam mir der ungeheuerliche Gedanke, dass dies ein Geist sei und kein Mensch. Ich habe seither immer darüber nachgedacht, ob sein Gemüt irgendwie vergiftet gewesen sein könne.

Jetzt wich ich meinerseits zurück. Aber als ich diese Gebärde machte, entdeckte ich in seinen Augen eine versteckte Furcht vor mir. Das verscheuchte meinen ungeheuerlichen Gedanken wieder.

»Sie sehen mich an«, sagte ich mit gezwungenem Lächeln, »als würde ich Entsetzen bei Ihnen auslösen.«

»Ich glaubte im Augenblick fast«, versetzte er, »als hätte ich Sie schon einmal gesehen.«

»Wo?«

Er deutete nach dem roten Licht, das er betrachtet hatte.

»Dort?«, fragte ich.

Indem er mich gespannt ansah, erwiderte er (jedoch unhörbar): »Ja.«

»Mein guter Mann, was sollte ich denn dort? Doch sei dem, wie es wolle, ich bin niemals da gewesen, darauf könnte ich einen Eid leisten.«

»Das könnte ich auch«, versetzte er. »Ja, ich bin überzeugt davon.«

Sein Verhalten entspannte sich, gleich dem meinen. Er erwiderte auf meine Bemerkungen mit Bereitwilligkeit und in wohlgewählten Worten. Ob er viel dort zu tun habe? Jawohl; das heißt, er habe wenigstens viel Verantwortung zu tragen; aber es würde nur Wachsamkeit und Genauigkeit von ihm verlangt; wirkliche Arbeit – körperliche Arbeit – habe er so gut wie keine zu verrichten. Das Signal dort zu wechseln, die Lichter da zu putzen, dann und wann den Eisenhebel hier zu drehen, das sei sozusagen die einzige ›Arbeit‹, die ihm obliege. Was die vielen langen und einsamen Stunden betreffe, von denen ich so viel Wesen machte, so könne er nur sagen, dass der Verlauf seines Lebens diese Form von selbst angenommen habe, und dass er sich mit der Zeit daran gewöhnt habe. Er habe sich selbst hier unten eine Sprache gelehrt – falls man es ein Lernen nennen könne, da er sie nur durch das Auge kenne und sich seine rohen Begriffe von ihrer Aussprache gebildet habe. Er habe auch mit Brüchen und Dezimalstellen gearbeitet und ein wenig Algebra versucht; aber wie schon als Knabe, sei er auch jetzt noch im Rechnen sehr schwach.

Ob es denn, wenn er Dienst habe, nötig sei, dass er immer in dieser Schlucht voll feuchter Luft verbleibe, und ob er denn nie in das Sonnenlicht zwischen diesen hohen Steinmauern hinaufsteigen könne?

Ja nun, das hinge von Zeit und Umständen ab. Unter manchen Bedingungen sei weniger Verkehr auf der Strecke als unter anderen wieder, und dasselbe gelte auch von gewissen Tages- und Nachtstunden. Bei schönem Wetter benütze er zuweilen eine Gelegenheit, ein wenig über die tieferen Schatten hinauszusteigen; da er aber immer zu gewärtigen habe, durch seine elektrische Glocke gerufen zu werden, und zu solchen Zeiten mit verdoppelter Besorgnis darauf lausche, so sei es für ihn ein geringerer Genuss, als ich vielleicht vermute.

Er führte mich in sein Häuschen, wo ein Feuer brannte und ein Pult für ein Amtsbuch stand, in das er gewisse Eintragungen zu machen hatte. Außerdem enthielt der Raum eine Telegraphieeinrichtung mit Wählscheibe, Zifferblatt und Nadeln und die kleine Glocke, von der er gesprochen hatte.

Als ich die Zuversicht aussprach, er würde doch die Bemerkung entschuldigen, dass er gut erzogen worden sei und vielleicht gar (ich hoffe, das sagen zu dürfen, ohne ihn zu kränken) eine Erziehung genossen habe, die ihn zu einer besseren Stellung befähigte, bemerkte er, Beispiele von geringfügiger Ungereimtheit dieser Art dürften wohl nur selten unter einer großen Mehrheit der Menschen fehlen; er habe gehört, in Arbeitshäusern sei es der Fall, bei der Polizei und selbst in der letzten verzweifelten Zuflucht, der Armee; und er wüsste genau, dass es mehr oder weniger bei jedem großen Eisenbahnpersonal der Fall sei. In seiner Jugend hätte er (falls ich es glauben könne, angesichts dieser Baracke, in der er sitze – er selbst könne es kaum noch für möglich halten) Philosophie studiert und Vorlesungen besucht; aber er sei verwildert, habe das ihm Gebotene nicht zu nutzen gewusst, sei gefallen und habe sich nie wieder erheben können. Er wolle sich darüber nicht weiter beklagen. Er strecke sich nun eben nach seiner Decke. Es sei viel zu spät, jetzt noch sein Lager zu wechseln.

Alles, was ich hier in gedrängter Form wiedergegeben habe, sagte er in ruhigem Ton, seinen ernsten, düstern Blick bald auf mich, bald auf das Feuer richtend. Von Zeit zu Zeit, und besonders wenn er auf seine Jugend zu sprechen kam, warf er das Wort »Herr« ein – als bitte er mich zu verstehen, dass er nichts weiter sein wollte, als der einfache Bahnwärter, als der er vor mir stand. Er wurde mehrere Male durch die kleine Glocke unterbrochen, hatte Depeschen zu lesen und Antworten zu senden. Einmal musste er auch vor die Tür hinaustreten, eine Flagge zeigen, als ein Zug vorbeikam, und dem Zugführer eine mündliche Mitteilung machen. Bei der Verrichtung seiner Pflichten war er, wie ich beobachtete, bemerkenswert genau und aufmerksam, brach das Gespräch mitten im Wort selbst ab und schwieg, bis er seine Aufgabe erledigt hatte.

Mit einem Wort, ich hätte diesen Mann in seiner Stellung für einen der zuverlässigsten gehalten, hätte er nicht, während er mit mir sprach, zweimal mit blassem Gesicht abgebrochen, nach der kleinen Glocke gesehen, wenn sie *nicht* schlug, die Tür des Häuschens geöffnet (die gewöhnlich geschlossen blieb, damit die ungesunde Feuchtigkeit nicht hereinkam) und zu dem roten Licht in der Nähe der Tunnelmündung geschaut. Beide Male kam er zum Feuer zurück, und ein unerklärliches Etwas lag in seinem Wesen, das ich, ohne es bestimmen zu können, schon bemerkt hatte, als wir noch so weit auseinander standen.

Als ich mich erhob, um mich von ihm zu verabschieden, sagte ich:

»Wenn ich Sie so sehe, möchte ich fast glauben, ich hätte einen zufriedenen Menschen vor mir!«

(Ich fürchte, zugeben zu müssen, dass ich es gesagt habe, um ihn zu weiterer Vertraulichkeit zu ermuntern.)

»Das war ich sonst auch, glaube ich«, versetzte er in dem leisen Ton, den er zuerst angeschlagen hatte; »aber ich habe Kummer, mein Herr, ich habe Kummer.«

Er hätte die Worte zurückgenommen, wenn es möglich gewesen wäre. Er hatte sie indessen gesprochen, und ich knüpfte rasch daran an.

»Worüber? Was für Kummer haben Sie?«

»Das lässt sich schwer erzählen, mein Herr. Darüber lässt sich schwer, sehr schwer reden. Falls Sie mich noch einmal besuchen, will ich versuchen, ob ich es Ihnen erzählen kann.«

»Aber ich habe ganz entschieden die Absicht, Ihnen noch einen Besuch abzustatten. Sagen Sie, wann wäre es möglich?«

»Frühmorgens werde ich abgelöst, und um zehn Uhr morgen Nacht habe ich wieder Dienst, mein Herr.«

»Dann werde ich um elf kommen.«

Er sagte, dass ihm das recht sei, und begleitete mich hinaus.

»Ich werde Ihnen mit meinem weißen Licht leuchten, mein Herr«, sagte er mit seiner seltsam leisen Stimme, »bis Sie den Aufstieg gefunden haben. Wenn Sie ihn gefunden haben, rufen Sie nicht. Und wenn Sie oben sind, rufen Sie auch nicht!«

Sein Wesen bewirkte, dass mir diese Umgebung noch frostiger vorkam, aber ich sagte nur:

»Ja, selbstverständlich.«

»Und wenn Sie morgen Nacht herunterkommen, rufen Sie nicht! Gestatten Sie mir zum Abschied noch eine Frage. Wie ging es zu, dass Sie heute Abend riefen: Hallo! Sie da unten!?«

»Weiß der Himmel«, sagte ich. »So etwas Ähnliches habe ich allerdings gerufen.«

»Nicht so etwas Ähnliches, mein Herr. Genau dieselben Worte. Die Worte kenne ich genau.«

»Zugegeben, genau das waren meine Worte. Ohne Zweifel habe ich so gerufen, weil ich Sie unten sah.«

»Aus keinem anderen Grund?«

»Was könnte ich wohl für eine andere Ursache haben?«

»Sie hatten nicht die Empfindung, als würden sie Ihnen in übernatürlicher Weise eingegeben?«

»Nein!«

Er wünschte mir gute Nacht und hielt sein Licht hoch. Ich ging neben der Bahnstrecke her zurück (wobei ich immer das sehr unangenehme Gefühl hatte, als käme ein Zug hinter mir her), bis ich den Pfad fand. Der Aufstieg war leichter als der Abstieg, und ohne irgendwelches Abenteuer kam ich nach meinem Gasthof zurück.

Pünktlich zur verabredeten Zeit setzte ich am nächsten Abend den Fuß auf die erste Stufe des Zickzackabstiegs, als die fernen Uhren elf schlugen. Unten wartete er auf mich, sein weißes Licht in der Hand.

»Ich habe nicht gerufen«, sagte ich, als wir dicht zusammenstanden, »darf ich jetzt sprechen?«

»Selbstverständlich, mein Herr.«

»Dann guten Abend, und hier ist meine Hand.«

»Guten Abend, mein Herr, und hier ist meine.«

Nach dieser Begrüßung gingen wir nebeneinander her zu seinem Häuschen, traten ein, schlossen die Tür und setzten uns ans Feuer.

»Ich habe mich entschlossen, mein Herr«, begann er, sich vorneigend, sobald wir Platz genommen hatten, in einem Ton, der kaum mehr war als ein Flüstern. »Sie sollen mich nicht zweimal zu fragen haben, was für Kummer mich drückt. Ich hielt Sie gestern für jemand anders, das ist mein Kummer.«

»Dieser Irrtum?«

»Nein. Dieser jemand anders.«

»Wer ist das?«

»Ich weiß es nicht.«

»Hat er denn Ähnlichkeit mit mir?«

»Ich weiß nicht. Das Gesicht habe ich nicht gesehen. Der linke Arm liegt vor dem Gesicht, und der rechte Arm wird geschwenkt – wild geschwenkt. So etwa.«

Ich folgte seiner Gebärde mit den Augen; es war die Gebärde eines mit der äußersten Leidenschaft und Heftigkeit gestikulierenden Armes; sie hieß so viel als: »Um Gotteswillen, aus dem Weg!«

»In einer mondhellen Nacht«, sagte der Mann, »saß ich hier, da hörte ich eine Stimme rufen: ›Hallo! Sie da unten!‹ Ich sprang auf, schaute zur Tür hier hinaus, und sah diesen jemand neben dem roten Licht dicht am Tunnel stehen und mit dem Arm schwenken, wie ich es Ihnen soeben gezeigt habe. Die Stimme schien heiser vom Schreien und rief: ›Vorsicht! Vorsicht!‹ Und dann wieder: ›Hallo! Sie da unten! Vorsicht!‹ Ich ergriff meine Lampe, stellte sie auf Rot, lief auf die Gestalt zu und rief: ›Was gibt's? Was ist geschehen? Wo?‹ Die Gestalt stand gerade draußen vor der Finsternis des Tunnels. Ich näherte mich ihr so weit, dass es mich wunderte, weshalb sie sich den Ärmel noch immer vor die Augen hielt. Ich rannte nun direkt auf sie los, und hatte schon die Hand ausgestreckt, um den Ärmel wegzuziehen, da war sie auch schon verschwunden.«

»In den Tunnel hinein?«, fragte ich.

»Nein. Ich rannte in den Tunnel hinein, etwa fünfhundert Meter weit. Ich blieb stehen und hielt die Lampe über dem Kopf empor und sah die Kilometerschilder und sah die schwammige Nässe an den Wänden herabrinnen und durch die Wölbung sickern. Ich lief rascher wieder hinaus, als ich hineingelaufen war (denn ich fühlte mich von einem tödlichen Entsetzen vor diesem Ort erfasst), und untersuchte das rote Licht von allen Seiten vermittels meines eigenen roten Lichtes, und ich stieg die Leiter hinauf zu der Galerie darüber und kam wieder herunter und lief wieder hierher zurück. Ich telegraphierte nach beiden Seiten. ›Es ist alarmiert worden. Ist etwas nicht in Ordnung?‹ Von beiden Seiten kam die Antwort zurück: ›Alles in Ordnung.‹«

Ich widerstand der langsamen Berührung eines eiskalten Fingers, der an meinem Rückgrat entlangglitt, und versuchte dem Bahnwärter zu beweisen, dass diese Gestalt ein Trugbild seines Gesichtssinnes sein müsse, und dass solche Gestalten, die aus einer Störung, der den Funktionen des Auges dienenden zarten Nerven entsprängen, bekanntermaßen oftmals Kranke heimgesucht hätten, von denen einige die Natur ihrer Beschwerde erkannt und sie mittels Experimente sogar an sich selbst dargelegt hätten.

»Was einen eingebildeten Schrei anbetrifft«, sagte ich, »so lauschen Sie nur einen Augenblick dem Wind in diesem unnatürlichen Tal, während wir so leise sprechen, und der wilden Harfe, zu der er die Telegraphendrähte stimmt.«

Das sei alles gut und schön, antwortete er, nachdem wir eine Weile gelauscht hatten, und den Wind und die Drähte müsse er doch wohl kennen – er, der so oft dort lange Winternächte zugebracht habe, allein und wachend. Aber er möchte bemerken, dass er noch nicht fertig sei.

Ich bat ihn um Entschuldigung, und langsam, meinen Arm berührend, setzte er hinzu:

»Sechs Stunden nach der Erscheinung ereignete sich der merkwürdige Unfall auf dieser Strecke, und binnen zehn Stunden wurden die Toten und Verwundeten durch den Tunnel getragen über den Fleck hinweg, wo die Gestalt gestanden hatte.«

Ein unangenehmer Schauer überlief mich, aber ich sträubte mich nach Kräften dagegen. Es sei nicht abzustreiten, erwiderte ich, dass dies ein merkwürdiges Zusammentreffen sei, geeignet, in hohem Maße auf sein Gemüt einzuwirken. Aber es stehe außer Frage, dass merkwürdige Zusammentreffen in einem fort vorkommen, und wenn es sich um einen derartigen Fall handle, müsse man sie in Betracht ziehen. Allerdings müsse ich zugeben, fügte ich hinzu (denn ich glaubte zu bemerken, dass er denselben Einwand gegen mich vorbringen wollte), dass Menschen von gewöhnlichem Verstand seltsamen Zusammentreffen nicht viel Einfluss gestatteten, wenn sie sich ihr alltägliches Leben zurechtlegten.

Er bemerkte abermals, dass er noch nicht fertig sei.

Ich bat abermals um Verzeihung, dass ich mich zu Unterbrechungen hätte verleiten lassen.

»Das«, sagte er, wieder die Hand auf meinen Arm legend und mit seinen hohlen Augen über die Schulter blickend, »war gerade vor einem Jahre. Sechs oder sieben Monate waren verstrichen, und ich hatte mich von der Überraschung und Erschütterung erholt, da stand ich eines Morgens bei Tagesanbruch an der Tür, sah nach dem roten Licht und erblickte das Gespenst abermals!«

Er hielt inne und sah mich starr an.

»Rief es?«

»Nein. Es war still.«

»Schwenkte es den Arm?«

»Nein. Es lehnte an dem Pfosten der Laterne, beide Hände vors Gesicht schlagend. So etwa.«

Abermals folgte ich seiner Gebärde mit den Augen.

Es war eine Gebärde der Klage. Ich habe solche Haltung bei steinernen Figuren auf Grabmälern gefunden.

»Sind Sie zu ihm hingegangen?«

»Ich ging in mein Häuschen und setzte mich, teils um mich zu sammeln, teils weil ich bei diesem Anblick halb ohnmächtig geworden war. Als ich wieder an die Tür trat, war Tageslicht über mir und der Geist verschwunden.«

»Aber es folgte nichts darauf? Es entwickelte sich aus dieser Erscheinung nichts?«

Zwei- oder dreimal berührte er mich mit dem Zeigefinger am Arm, indem er jedes Mal unheimlich nickte:

»Als an diesem selben Tag ein Zug aus dem Tunnel kam, bemerkte ich an einem Wagenfenster an meiner Seite ein Durcheinander von Händen und Köpfen und sah jemand winken. Ich sah es gerade zur rechten Zeit, um dem Zugführer das Signal zum Halten zu geben. Er bremste, aber der Zug fuhr noch etwa hundertundfünfzig Meter weiter. Ich lief hinterher und hörte schon von weitem entsetzliches Geschrei und Gekreisch. Eine schöne junge Dame war auf der Stelle gestorben in einem der Zugabteile, sie wurde hier hereingebracht und auf den Boden hier zwischen uns gelegt.«

Unwillkürlich schob ich meinen Stuhl zurück und

sah von den Dielen, auf die er wies, nach ihm selbst hin.

»Es ist wahr, mein Herr. Wahr. Genau so, wie ich's erzähle, hat sich's zugetragen.«

Ich wusste nicht, was ich sagen sollte, und der Mund war mir trocken. Der Wind und die Drähte trugen mit langem, klagendem Stöhnen die Erzählung weiter.

Er fuhr fort:

»Nun, mein Herr, geben Sie Acht, und beurteilen Sie, wie schwer bedrückt mein Gemüt sein muss. Vor einer Woche kam das Gespenst wieder. Und seitdem ist es plötzlich und unvermittelt immer und immer wiedergekehrt.«

»Beim Licht?«

»Beim roten Gefahrenlicht.«

»Was schien es zu tun?«

Er wiederholte, mit womöglich noch mehr Leidenschaft und Heftigkeit, seine frühere Gebärde: »Um Gotteswillen! Aus dem Weg!«

Dann fuhr er fort:

»Ich habe vor diesem Gespenst keine Ruhe und keine Rast. Viele Minuten hintereinander ruft es mir im Ton der Todesangst zu: ›Sie da unten! Vorsicht! Vorsicht!‹ Es winkt mir zu. Es läutete meine kleine Glocke –«

Daran hielt ich fest.

»Hat es etwa gestern Abend, als ich hier war und Sie zur Tür gingen, Ihre kleine Glocke geläutet?«

»Zweimal.«

»Nun, da sehen Sie«, sagte ich, »wie Sie Ihre Phantasie irreführt. Ich hatte die Augen auf die Glocke geheftet, und meine Ohren horchten gespannt auf die Glocke, und so wahr ich Leben habe, zu diesen Zeiten hat sie *nicht* geläutet. Nein! Auch zu keiner anderen Zeit, abgesehen von einem Mal, wo sie im natürlichen Verlauf der Physik von der Station, mit der Ihr Häuschen verbunden ist, geläutet wurde.«

Er schüttelte den Kopf.

»In diesem Punkt habe ich mich noch nie getäuscht, mein Herr. Ich habe das Läuten des Gespenstes noch nie mit dem Läuten des Menschen verwechselt. Das Läuten des Gespenstes ist ein seltsames Schwingen, das von nichts anderem herrührt, und ich habe doch auch nicht gesagt, dass die Bewegung der Glocke mit Augen sichtbar sei. Auch wundere ich mich nicht, dass Sie sie nicht gehört haben. *Ich* aber habe sie gehört.«

»Und schien das Gespenst da zu sein, als Sie hinaussahen?«

»Es *war* da.«

»Beide Male?«

Mit fester Stimme wiederholte er:

»Beide Male.«

»Wollen Sie jetzt mit mir zur Tür kommen und nach ihm ausschauen?«

Er biss sich auf die Unterlippe, als sei er nicht recht willens, erhob sich jedoch trotzdem. Ich öffnete die Tür und trat auf die Stufe, während er auf der Schwelle stehen blieb. Da war das Gefahrenlicht. Da war die unheimliche Mündung des Tunnels. Da waren die hohen, nassen Steinwände. Da waren die Sterne droben.

»Sehen Sie es?«

Ich fragte ihn und beobachtete dabei ganz besonders sein Gesicht. Seine Augen waren starr und traten hervor, aber vielleicht nur in eben demselben Maß, wie es bei mir der Fall gewesen war, als ich gespannt nach dem gleichen Punkt schaute.

»Nein«, antwortete er, »es ist nicht da.«

»Stimmt«, sagte ich.

Wir gingen wieder hinein, schlossen die Tür und setzten uns. Ich dachte darüber nach, wie ich diesen Vorteil am besten ausnützen könne, wenn man es einen Vorteil nennen konnte. Doch er nahm das Gespräch wieder auf in einem Ton, als sei es ganz selbstverständlich, dass wir die Erzählung fortsetzten, und da er also anzunehmen schien, dass zwischen uns kein ernsthafter Zweifel an der Tatsächlichkeit seiner Einbildung bestehen könne, so wusste ich mir für den Augenblick ganz und gar nicht zu helfen.

»Nun werden Sie vollkommen einsehen, mein Herr«, sagte er, »dass das, was mich so fürchterlich beunruhigt, die Frage ist: Was soll dieses Gespenst bedeuten?«

Ich sagte ihm, dass ich mir noch nicht klar darüber sei, ob ich das so vollständig einsehen könne.

»Wovor warnt es mich?«, sagte er grübelnd, die Augen aufs Feuer heftend und nur dann und wann sie auf mich richtend. »Was für Gefahr droht? Wo droht Gefahr? Es schwebt irgendwo Gefahr über der Strecke. Es wird irgendein furchtbares Unglück geschehen. Nach dem, was schon geschehen ist, kann dieses dritte Mal kein Zweifel mehr sein. Aber es ist jedenfalls grausam, *mich* heimzusuchen! Denn was kann *ich* tun?«

Er zog das Taschentuch und wischte sich die Tropfen von seiner heißen Stirn.

»Wenn ich nach einer oder nach beiden Richtungen Gefahr melde, so kann ich keinen Grund dafür angeben«, fuhr er fort, sich die Handflächen wischend. »Ich würde in Unannehmlichkeiten geraten und doch nicht helfen. Man würde denken, ich sei verrückt. In folgender Weise würde die Sache verlaufen: Meldung: ›Gefahr! Vorsicht!‹ Antwort: ›Was für Gefahr? Wo?‹ Meldung: ›Weiß ich nicht. Aber um Gottes willen, Vorsicht!‹ Dann würde ich abgesetzt werden. Was sonst könnte wohl folgen?«

Seine seelische Qual musste Mitleid erregen. Es war die geistige Marter eines gewissenhaften Mannes, aufs Fürchterlichste bedrückt von einer unbegreiflichen Verantwortung, von der Menschenleben abhingen.

»Als es zum ersten Mal unter dem Gefahrenlicht stand«, fuhr er fort, indem er sich das schwarze Haar vom Kopf strich und sich im höchsten Grad fieberhafter Angst mit den Händen in einem fort über die Schläfen strich, »warum hat es mir da nicht gesagt, wo das Unglück geschehen sollte – wenn es durchaus geschehen musste? Warum hat es mir nicht gesagt, wie das Unglück abzuwenden sei – wenn es sich abwenden ließ? Als es beim zweiten Mal das Gesicht verbarg, warum hat es mir da nicht lieber gesagt: Sie soll sterben. Sorge dafür, dass sie zu Hause bleibt? Wenn es diese beiden Male nur gekommen ist, um mir zu zeigen, dass seine Warnungen ernst zu nehmen sind, und mich so auf die dritte vorzubereiten, warum warnt es mich jetzt nicht deutlich? Und ich, Gott helfe mir! Nichts als ein armer Bahnwärter auf dieser einsamen Station! Warum gehe ich nicht zu jemand, der mir glauben könnte und die Macht besitzt zu handeln?«

Als ich ihn in dieser Verfassung sah, begriff ich, dass ich sowohl um des armen Mannes willen als auch zur öffentlichen Sicherheit in erster Linie dafür zu sorgen hatte, dass sein Gemüt beruhigt werde. Daher setzte ich jedes Bedenken hinsichtlich der Wirklichkeit oder Unwirklichkeit seiner Erzählung beiseite und führte ihm vor Augen, dass, wer seine Pflicht gewissenhaft erfülle, seiner Pflicht in der richtigen Weise nachkomme und dass es für ihn mindestens ein Trost sein dürfe, dass er seine Pflicht verstehe, wenn auch er diese verwirrenden Erscheinungen nicht verstehe.

Mit dieser Bemühung meinerseits hatte ich weit mehr Erfolg als mit dem Versuch, ihm seine Überzeugung auszureden. Er wurde ruhig; die Arbeiten, die sein Posten erforderte, begannen mit dem Einbrechen der Nacht seine Aufmerksamkeit mehr und mehr in Anspruch zu nehmen; und so verließ ich ihn schließlich um zwei Uhr morgens. Ich hatte angeboten, die ganze Nacht durch bei ihm zu bleiben, doch davon wollte er nichts hören.

Dass ich öfter als einmal zurück nach dem roten Licht sah, während ich den Pfad hinaufging, dass ich an dem roten Licht nicht sonderlich Gefallen fand, dass ich nur sehr kläglichen Schlaf gefunden hätte, wenn ich unter ihm hätte schlafen müssen, all das zu verbergen habe ich keinen Grund. Auch der Gedanke an die beiden Unglücksfälle in Folge und das tote Mädchen war mir keineswegs angenehm. Auch das möchte ich nicht verbergen.

Was aber meine Gedanken am meisten beschäftigte, war die Frage: Wie müsste ich handeln, nachdem ich der Empfänger dieser Enthüllung geworden war? Ich hatte den Mann als klug, wachsam, fleißig und pünktlich kennengelernt; aber wie lange konnte er sich wohl diese Eigenschaften noch bewahren, wenn dieser Gemütszustand bliebe? Wenn er auch nur eine untergeordnete Stellung innehatte, so ruhte doch schwere Verantwortung auf ihm. Würde (zum Beispiel) ich selbst ohne Bedenken unter Einsatz meines Lebens dafür bürgen, dass er seine Pflicht auch weiterhin noch genauso sorgfältig erfüllte?

Ich konnte unmöglich das Gefühl überwinden, es sei eine Art Verrat, wenn ich seinen Vorgesetzten mitteilte, was er mir erzählt hatte, ohne ihn selbst zuvor davon in Kenntnis zu setzen und ihm vorzuschlagen, einen Mittelweg einzuschlagen. So beschloss ich denn schließlich, entweder sein Geheimnis fürs Erste zu bewahren oder ihn zu dem erfahrensten Arzt zu begleiten, den wir in dieser Gegend zu Rate ziehen konnten, und dessen Meinung einzuholen. In der nächsten Nacht habe er laut Plan keinen Dienst, hatte er mir mitgeteilt, denn ein paar Stunden nach Sonnenaufgang erfolge seine Ablösung, und erst kurz nach Sonnenuntergang müsse er wieder auf seinem Posten sein. Ich hatte dementsprechend meine Rückkehr festgesetzt.

Der nächste Abend war herrlich, und ich brach früh auf, um ihn zu genießen. Die Sonne war noch nicht ganz untergegangen, als ich den Feldweg am oberen Ende des tiefen Taleinschnitts überquerte. Ich wollte meinen Weg noch eine Stunde lang ausdehnen, sagte ich zu mir selbst, und wenn ich dann noch eine halbe Stunde weiterginge und eine halbe Stunde für den Rückweg brauchte, würde ich gerade zur rechten Zeit im Häuschen meines Bahnwärters eintreffen.

Ehe ich meinen Spaziergang fortsetzte, trat ich an den Rand und schaute mechanisch hinab von dem Punkt aus, von dem ich ihn zum ersten Mal erblickt hatte. Ich kann das Beben nicht beschreiben, das mich erfasste, als ich dicht an der Mündung des Tunnels die Erscheinung eines Mannes sah, der den linken Ärmel über die Augen hielt und mit dem rechten Arm in wilder Leidenschaft winkte.

Das namenlose Entsetzen, das mich bedrückte, ging augenblicklich vorüber, denn im selben Moment sah ich, dass diese Erscheinung eines Menschen wirklich ein Mensch war, und dass in geringer Entfernung eine kleine Gruppe anderer Männer stand, der er die Gebärde vorzumachen schien. Das rote Signallicht war noch nicht angezündet. Gegen den Signalpfahl war aus Holz und Segeltuch eine kleine, niedrige Hütte errichtet worden, die ich noch nie dort gesehen hatte. Sie war nicht größer als ein Bett.

Mit der sicheren Empfindung, dass etwas passiert sei – mit der selbstquälerischen Furcht, dass ich ein verhängnisvolles Unheil verhütet hätte, wenn ich den Mann nicht verlassen hätte, und dass ich jemand hätte hinsenden müssen, um ihn zu beaufsichtigen und seine Handlungen zu berichtigen –, stieg ich den ausgehauenen Pfad, so eilig es ging, hinunter.

»Was ist denn los?«, fragte ich die Männer.

»Der Bahnwärter ist heute Morgen verunglückt, mein Herr.«

»Doch nicht der Mann, der zu dem Häuschen da gehört?«

»Jawohl, mein Herr.«

»Doch nicht der Mann, den ich kennengelernt habe?«

»Wenn Sie ihn gekannt haben, werden Sie ihn ja wiedererkennen«, sagte der Mann, der für die anderen sprach, indem er feierlich seine Kopfbedeckung abnahm und einen Zipfel der Plane in die Höhe hob, »denn sein Gesicht ist voller Friede.«

»Oh, wie ist das passiert, wie ist das nur passiert?«, fragte ich und wandte mich vom einen zum andern, während die Hütte sich wieder schloss.

»Er wurde von einer Lok zu Boden geworfen. Es hat in ganz England keinen zweiten gegeben, der seine Sache so gut verstanden hätte. Er stand wohl zu dicht am Außenstrang. Es war schon heller Tag. Er hatte das Licht gelöscht und stand mit der Lampe in der Hand. Als die Maschine aus dem Tunnel kam, hatte er ihr den Rücken zugekehrt, und sie riss ihn nieder. Dieser Mann führte den Zug und hat uns eben gezeigt, wie es zugegangen ist. Zeig's dem Herrn auch, Tom.«

Der Mann, der grobe, dunkle Kleidung trug, trat zurück an seinen früheren Platz vor dem Tunnel.

»Als ich um die Biegung im Tunnel herumkam, mein

Herr«, sagte er, »sah ich ihn am Ende, als sähe ich ihn ganz unten durch ein Fernglas. Zu bremsen hatte ich keine Zeit, und ich kannte ihn ja auch als einen sehr vorsichtigen Mann. Da er das Pfeifen nicht zu beachten schien, ließ ich davon ab, als wir auf ihn losfuhren, und rief ihm zu, so laut ich konnte.«

»Wie riefen Sie?«

»Ich rief: ›Sie da unten! Vorsicht! Vorsicht! Um Gottes willen! Aus dem Weg!‹«

Ich zuckte zusammen.

»Ach! es war ein entsetzlicher Augenblick, mein Herr. Ich schrie ihm in einem fort zu. Ich legte den Arm hier vor die Augen, um nicht zu sehen, und den Arm hier schwenkte ich bis zuletzt; aber es half nichts.«

Ohne die Erzählung auszudehnen und bei irgendeinem ihrer seltsamen Umstände besonders lange zu verweilen, darf ich doch zum Schluss darauf hinweisen, dass nicht nur die Worte, die den unglücklichen Bahnwärter verfolgt hatten, sondern auch die Worte, mit denen ich – und zwar nur bei mir selbst – die Gebärde, die er nachgemacht, erklärt hatte, zugleich in der Warnung des Lokführers enthalten waren, und darf dies gleichfalls als ein seltsames Zusammentreffen bezeichnen.

Des Mordes angeklagt

Selbst bei Personen von höherer Intelligenz und Bildung habe ich immer einen vorherrschenden Mangel an Mut beobachtet, wenn es galt, eigene psychologische Erfahrungen seltsamer Art zu erzählen. Fast alle fürchten, was sie in dieser Weise erzählen würden, könnte im inneren Leben eines Zuhörers keine Entsprechung oder Resonanz finden, und man könnte sie für Aufschneider halten oder auslachen. Wenn ein wahrheitsliebender Reisender ein außergewöhnliches Geschöpf von der Ähnlichkeit einer Seeschlange gesehen hätte, so würde er kein Bedenken tragen, das zu erzählen; aber wenn dieser selbe Reisende ein seltsames Vorgefühl, einen seltsamen Impuls oder Einfall, eine (sogenannte) Vision oder einen absonderlichen Traum oder sonst einen merkwürdigen geistigen Eindruck gehabt hätte, so würde er sich nach Kräften sträuben, ehe er es eingestehen würde. Die Neigung, solche Dinge geheim zu halten, ist meiner Meinung nach zum großen Teil daran schuld, dass wir in Bezug auf sie so vollständig im Dunkel tappen. Die Erfahrungen, die wir mit diesen subjektiven Dingen machen, teilen wir gewohnheitsgemäß nicht in dem Maße mit, wie unsere Erfahrungen in der objektiven Welt. Die Folge davon ist, dass der Vorrat, den man an Erfahrungen in dieser Hinsicht besitzt, als Ausnahme erscheint und es mit Rücksicht auf seine klägliche Unvollkommenheit in der Tat auch ist.

Wenn ich nun das Folgende berichte, so verfolge ich dabei nicht die Absicht, irgendeine Theorie aufzustellen, zu bestreiten oder zu unterstützen. Ich kenne die Geschichte jenes Berliner Buchhändlers, ich habe den Fall der Frau eines ehemaligen königlichen Astronomen, wie sie Sir David Brewster berichtet, studiert, und ich habe einen weit merkwürdigeren Fall von Halluzination, der sich in meinem privaten Freundeskreis ereignete, bis ins Detail verfolgt. Es ist vielleicht notwendig, in Bezug auf diesen Fall festzustellen, dass die Person, die diesen Fall durchgemacht hat (es war eine Dame), in keiner Weise, sei es auch noch so entfernt, mit mir verwandt ist. Eine irrtümliche Annahme dieser Art könnte für einen Teil meines eigenen Falles – aber auch nur für einen Teil – eine Erklärung nahelegen, die ganz und gar unbegründet sein würde. Dieser Fall kann nicht darauf zurückgeführt werden, dass irgendeine stark entwickelte Absonderlichkeit durch Vererbung auf mich gekommen wäre. Ich hatte vorher keine ähnliche Erfahrung gemacht, und ich habe auch seitdem niemals wieder eine ähnliche Erfahrung gemacht.

Es spielt keine Rolle, vor wie viel oder vor wie wenig Jahren in England ein gewisser Mord begangen wurde, der großes Aufsehen erregte. Wir hören mehr als genug von Mördern, die nacheinander ihre grässliche Berühmtheit erlangen, und ich würde das Andenken dieses besonderen Unmenschen, wenn ich könnte, begraben im Gefängnis von Newgate, wie sein Leib dort begraben ist. Mit Absicht vermeide ich es, über die Persönlichkeit dieses Verbrechers einen direkten Aufschluss zu geben.

Als der Mord zuerst entdeckt wurde, fiel keinerlei Verdacht auf den Mann, der später vor Gericht gestellt wurde – oder ich sollte vielmehr sagen (denn mit der Angabe meiner Tatsachen kann ich es nicht genau genug nehmen), es gab in der Öffentlichkeit keinerlei Hinweis, dass irgendein Verdacht auf diesen Mann fiele, dem später der Prozess gemacht wurde. Da um diese Zeit in den Zeitungen auf ihn noch nicht Bezug genommen wurde, so ist es eindeutig unmöglich, dass zu dieser Zeit irgendeine Beschreibung von ihm in den Zeitungen veröffentlicht worden sei. Es ist wesentlich, diesen Umstand im Gedächtnis zu behalten.

Als ich beim Frühstück die Morgenzeitung auseinanderfaltete, in der der Bericht über diese erste Entdeckung enthalten war, fand ich ihn in hohem Maße interessant und las ihn mit gespannter Aufmerksamkeit. Ich las ihn zweimal, wenn nicht dreimal. Die Entdeckung war in einem Schlafzimmer gemacht worden, und als ich die Zeitung niederlegte, war es mir, als sähe ich in einem Blitz – einem Sturz – einem Flug – ich kann keine Worte finden, die diese Erscheinung beschreiben – jenes Schlafzimmer durch mein Zimmer gleiten, gleich einem Bild, das in ganz unmöglicher Weise auf einen reißenden Fluss gemalt war. Obgleich es in einem Augenblick vorübergehuscht war, war es doch vollkommen klar und deutlich; so deutlich, dass ich mit Sicherheit und mit einem Gefühl der Erleichterung wahrnahm, dass die Leiche auf dem Bett fehlte.

Diesen seltsamen Gefühlseindruck empfing ich nicht etwa an einem romantischen Ort, sondern vielmehr in einer Wohnung in Piccadilly, ganz dicht an der Ecke St. James's Street. Es war für mich ein ganz ungewohnter, neuer Eindruck. Ich saß in diesem Augenblick in meinem Lehnstuhl, und der Eindruck war begleitet von einem sonderbaren Schauer, durch den mein Stuhl mit einem Ruck seine Stellung wechselte. (Doch muss angemerkt werden, dass der Stuhl leicht auf Rollen lief.) Ich ging an eines der Fenster (es sind zwei in dem Zimmer, und das Zimmer liegt im zweiten Stock), um meine Augen an dem regen Treiben unten in Piccadilly zu erquicken. Es war ein klarer Herbstmorgen, und auf der Straße ging's bunt und lustig her. Der Wind war ziemlich kräftig. Als ich hinaussah, fielen von den Bäumen des Parks eine Menge Blätter, die ein Windstoß erfasste und zu einer spiralenförmigen Säule zusammenwirbelte. Als die Säule zusammenfiel und die Blätter sich zerstreuten, sah ich auf der gegenüberliegenden Seite des Weges zwei Männer, die von Westen nach Osten gingen. Sie gingen einer hinter dem anderen. Der vorderste sah oft über die Achsel zurück. Der zweite folgte ihm in einer Entfernung von etwa dreißig Schritten und hatte die rechte Hand drohend erhoben. Erstens erregte die Seltsamkeit dieser Gebärde, die ununterbrochen wiederholt wurde, meine Aufmerksamkeit; und dann wunderte mich der noch merkwürdigere Umstand, dass niemand davon Notiz nahm. Beide

Männer schlängelten sich durch die anderen Passanten mit einer aalglatten Beweglichkeit, die sich selbst mit der gewöhnlichen Art und Weise, wie man sich auf Bürgersteigen entlangschlängeln muss, nicht vereinbaren ließ; und soweit ich sehen konnte, ging ihnen nicht ein einziges Wesen auf der Straße aus dem Weg, nicht ein einziges Wesen streifte sie im Vorbeigehen oder sah sich nach ihnen um. Als sie an meinen Fenstern vorbeikamen, starrten sie beide zu mir hinauf. Ich sah ihre beiden Gesichter ganz deutlich und weiß, dass ich sie überall wiedererkennen könnte. Etwas besonders Auffallendes habe ich in den beiden Gesichtern allerdings nicht bemerkt, abgesehen davon, dass der Mann, der vorausging, einen ungewöhnlich lauernden Eindruck machte, und das Gesicht des Mannes, der hinterherging, die Farbe unreinen Wachses zeigte.

Ich bin Junggeselle, und mein Diener und seine Frau machen meinen ganzen Haushalt aus. Ich bin an einer Filialbank angestellt, und ich wünschte, meine Pflichten als Vorsteher einer solchen Filiale wären so leicht, wie man im Allgemeinen annimmt. Ihretwegen musste ich im Herbst in der Stadt bleiben, obwohl ich das Bedürfnis nach einer Abwechslung hatte. Ich war zwar nicht krank, aber mir war auch nicht wohl. Wer meine

Geschichte liest, der mag sich den Zustand der Abgespanntheit, in dem ich mich befand, die Gedrücktheit, in die mich ein eintöniges Leben versetzt hatte, und die »schwachen Symptome von Magenschwäche«, die bei mir auftraten, vorstellen und seine Folgerungen hieraus ziehen, soweit er es mit Maß und Vernunft kann. Mein Arzt, der einen ausgezeichneten Ruf genießt, hatte mir versichert, dass mein wirklicher Gesundheitszustand zu dieser Zeit zu einer stärkeren Diagnose nicht berechtige, und ich gebe seine eigenen Worte wieder, deren er sich in der schriftlichen Antwort auf meine Frage hiernach bediente.

Während die Umstände, unter denen der Mord geschehen war, sich allmählich aufklärten und die Öffentlichkeit immer stärker beschäftigten, hielt ich sie mir innerlich dadurch fern, dass ich so wenig, wie inmitten der allgemeinen Erregtheit möglich war, über sie in Erfahrung brachte. Ich erfuhr jedoch, dass gegen den Menschen, der im Verdacht des Mordes stand, ein Urteilsspruch auf wissentlichen Mord für begründet angesehen worden war und dass der Mörder für die Dauer der Gerichtsverhandlung nach Newgate überführt worden war. Auch das erfuhr ich, dass sein Prozess bis zur nächsten Sitzung des großen Schwurgerichtshofes verschoben worden war, und zwar auf Grund allgemeiner Voreingenommenheit gegen den Mörder und weil es an Zeit, die Verteidigung vorzubereiten, gefehlt hatte. Außerdem mag ich erfahren haben (glaube aber nicht, dass es der Fall gewesen ist), wann, oder ungefähr wann, die Schwurgerichtssitzung, bis zu der sein Prozess vertagt war, stattfinden würde.

Mein Wohnzimmer, mein Schlafzimmer und mein Ankleidezimmer lagen sämtlich auf dem gleichen Flur. Zu Letzterem kann man auf anderem Weg als durch das Schlafzimmer nicht gelangen. Freilich, eine Tür ist darin, die früher einmal auf die Treppe hinausgeführt hatte; aber diese ist schon vor einigen Jahren zur Anbringung meiner Badewanne verwendet worden. Um dieselbe Zeit und im Zusammenhang mit diesem Umbau war sie vernagelt und verhängt worden.

Eines Abends spät stand ich in meinem Schlafzimmer und erteilte meinem Diener vorm Zubettgehen noch einige Weisungen. Ich hatte das Gesicht nach der einzigen Tür gerichtet, durch die man in das Ankleidezimmer gelangen konnte, und diese Tür war geschlossen. Mein Diener kehrte ihr den Rücken zu. Während ich mit ihm sprach, sah ich die Tür sich öffnen und einen Mann hineinsehen, der mir sehr ernst und geheimnisvoll zuwinkte. Dieser Mann war derselbe, der als zweiter von den beiden den Piccadilly entlanggegangen war und dessen Gesicht die Färbung unreinen Wachses gezeigt hatte.

Nachdem die Gestalt gewinkt hatte, zog sie sich zurück und schloss die Tür. Ohne zu zaudern, schritt ich durch meine Schlafstube, öffnete die Tür zum Ankleidezimmer und sah hinein. Ich fühlte im Innern nicht die Erwartung, die Gestalt im Ankleidezimmer zu sehen, und sah sie auch nicht dort.

In dem Bewusstsein, dass mein Diener verblüfft dastand, wandte ich mich an ihn und sagte: »Derrick, hältst du es für glaubhaft, dass ich meine fünf Sinne beisammenhaben und mir doch einbilden könnte, ich sähe einen –« Und als ich ihm nun die Hand auf die Brust legte, fuhr er plötzlich zusammen, zitterte heftig und sagte: »Oh, mein Gott, ja, mein Herr! Einen Toten, der winkte!«

Nun glaube ich nicht, dass dieser John Derrick, der mir über zwanzig Jahre lang treu und hingebungsvoll gedient hat, irgendwie unter dem Eindruck, eine solche Gestalt gesehen zu haben, gestanden hätte, bis dass ich ihn berührte. Die Veränderung, die mit ihm vorging, war so auffällig, dass ich der vollen Überzeugung bin, er empfing in diesem Augenblick den bewussten Eindruck in irgendwelcher verborgenen Art und Weise von mir.

Ich bat John Derrick, etwas Branntwein zu bringen, gab ihm einen Schluck und nahm mit Vergnügen selbst einen. Was der Erscheinung dieser Nacht vorausgegangen war, erwähnte ich mit keinem Wort. Als ich darüber nachdachte, gewann ich die feste Überzeugung, dass ich dieses Gesicht noch nie zuvor gesehen hatte, ausgenommen dieses eine Mal in Piccadilly.

Als ich den Ausdruck, den es getragen hatte, als es an der Tür mir zuwinkte, mit dem verglich, den es getragen hatte, als es zu mir nach dem Fenster hinaufstierte, kam ich zu dem Schluss, dass es bei diesem ersten Mal sich meinem Gedächtnisse einzuprägen versucht hatte und dass es beim zweiten Mal sich davon überzeugt hatte, dass ich mich auf der Stelle seiner erinnere.

Ich fühlte mich nicht sehr behaglich in dieser Nacht, obwohl ich in schwer zu erklärender Weise die Gewissheit hatte, dass die Gestalt nicht wiederkehren würde. Gegen Tagesanbruch verfiel ich in einen schweren Schlaf, wurde jedoch bald durch John Derrick aufgeweckt, der mit einem Brief in der Hand an mein Bett trat.

Dieses Blatt war, wie sich herausstellte, der Gegenstand eines Wortwechsels gewesen, der an der Tür zwischen dem Überbringer und meinem Diener stattgefunden hatte. Ich wurde in dem Schreiben geladen, als Geschworener bei den nächsten Sitzungen des großen Schwurgerichts in Old Bailey zu erscheinen. Ich war niemals zuvor als Geschworener geladen worden, und John Derrick wusste das wohl. Er glaubte – ich bin mir zu dieser Stunde nicht klar, ob mit Recht oder Unrecht –, dass diese Kreis von Geschworenen gewöhnlich aus Menschen von geringerer Befähigung, als ich sie besaß, gebildet würde, und so hatte er zuerst sich geweigert, die Aufforderung an mich in Empfang zu nehmen. Der Mann, der sie brachte, fasste die Sache sehr kühl auf. Er sagte, ob ich erschiene oder nicht erschiene, sei für ihn einerlei; hier sei die Aufforderung, und ich sollte auf meine eigene Gefahr hin damit anfangen, was ich wollte; er habe damit nichts zu tun.

Einige Tage lang war ich mir nicht schlüssig darüber, ob ich der Aufforderung folgen oder sie unbeachtet lassen sollte. Ich war mir in keiner Weise irgendeines geheimnisvollen Antriebes, Einflusses oder Reizes bewusst. Hier bin ich mir genauso sicher wie bei jeder anderen Aussage, die ich hier niederlege. Schließlich entschied ich, um in mein eintöniges Leben eine Unterbrechung zu bringen, der Aufforderung zu entsprechen.

Der festgesetzte Morgen war ein rauer Morgen im Monat November. In Piccadilly war dichter brauner Nebel, der schließlich zu einer richtigen schwarzen Wand wurde und sich vor der Ostseite von Temple Bar als drückend schwere Last zusammenballte. Ich fand die Gänge und Treppen des Gerichtsgebäudes flackernd erhellt von Gas und den Hof selbst ebenso beleuchtet. Ich *glaube* fast, ich hatte keine Ahnung davon, dass dem Mörder an diesem Tage der Prozess gemacht werden sollte, bis ich von Beamten in den alten Gerichtshof geführt wurde und sah, wie voll es dort drinnen war. Ich *glaube* fast, ich hatte keine Ahnung davon, in welchen von den beiden tagenden Gerichtshöfen meine Aufforderung mich führen würde, bis ich unter beträchtlichen Schwierigkeiten in den alten Gerichtshof geführt wurde. Doch darf dies nicht als feststehende Behauptung betrachtet werden, denn ich bin im Inneren weder vom einen noch vom andern vollständig überzeugt.

Ich nahm den Platz ein, der für Geschworene in Bereitschaft bestimmt war, und sah mich im Gerichtssaal um, so gut das bei der dicken Wolke von Nebel und

Atem, die ihn schwer erfüllte, möglich war. Ich nahm den schwarzen Dunst wahr, der wie eine schmutzige Gardine draußen vor den großen Fenstern hing, und ich nahm das erstickte Geräusch von Rädern wahr, die über auf der Straße ausgestreutes Stroh und Lohe dahinglitten; desgleichen das Summen der dort versammelten Leute, das ein die anderen Töne überschallendes schrilles Pfeifen oder ein lautes Lied oder ein kräftiger Ruf dann und wann durchbrach. Bald darauf traten die Richter, zwei an Zahl, ein und begaben sich an ihre Plätze. Das Stimmengewirr im Saal verstummte ehrfurchtsvoll. Es wurde die Weisung erteilt, den Mörder vor die Schranken zu führen. Er erschien dort. Und in diesem selben Augenblick erkannte ich in ihm den Mann, der als Erster von den beiden Piccadilly entlanggeschritten war.

Wäre mein Name schon jetzt gerufen worden, so bezweifle ich, dass ich mit deutlicher Stimme hätte antworten können. Aber ich wurde als Sechster oder Achter in der Geschworenenliste aufgerufen und hatte mich mittlerweile wieder so weit beruhigt, dass ich nun mit dem Ruf »Hier!« antworten konnte. Nun bitte ich achtzugeben. Als ich auf der Geschworenenbank Platz nahm, bemächtigte sich des Angeklagten, der aufmerksam zugeschaut hatte, ohne es sich jedoch anmerken zu lassen, eine heftige Aufregung, und er winkte seinem Anwalt. Der Wunsch des Angeklagten, dass ich abgelehnt werden sollte, trat so deutlich zu Tage, dass eine Pause entstand, während welcher der Anwalt, die Hand auf die Anklagebank gestützt, mit seinem Klienten flüsterte und den Kopf schüttelte. Hinterher erfuhr ich von diesem Herrn, dass die ersten entsetzten Worte, die der Angeklagte an ihn gerichtet hatte, lauteten: »*Mag kommen, was da wolle,* jedenfalls lehnen Sie *diesen* Mann ab.« Aber da er keinen Grund dafür angeben wollte und auch zugab, dass er nicht einmal meinen Namen gekannt hatte, bis er mich rufen hörte und ich vortrat, so wurde seinem Wunsch nicht entsprochen.

Sowohl aus dem bereits erklärten Grund, dass ich die ungesunde Erinnerung an diesen Mörder nicht wiederbeleben möchte, als auch, weil ein ausführlicher Bericht seines langen Prozesses keineswegs unerlässlich ist für meine Erzählung, werde ich von dem, was in den zehn Tagen und Nächten geschah, während der wir, die Geschworenen, beisammengehalten wurden, nur das erwähnen, was zu meiner eigenen seltsamen Erfahrung unmittelbar gehört. Dafür und nicht für den Mörder möchte ich meine Leser interessieren. Darauf und nicht auf das Verzeichnis von Newgate möchte ich die Aufmerksamkeit lenken.

Ich wurde zum Sprecher der Geschworenen gewählt. Nachdem am zweiten Morgen des Prozesses zwei Stunden lang (ich hörte nämlich die Kirchenuhren schlagen) die Beweisaufnahme erfolgt war, warf ich zufällig einen Blick über meine Mitgeschworenen, und es bereitete mir eine unerklärliche Schwierigkeit, sie zu zählen. Ich zählte sie mehrere Male, doch immer geriet ich in die gleiche Schwierigkeit. Mit einem Worte, ich zählte einen zu viel.

Ich berührte den Mitgeschworenen, der mir zunächst saß, und flüsterte ihm zu: »Wollen Sie so freundlich sein und uns einmal zählen.« Er machte bei diesem Anliegen ein erstauntes Gesicht, wandte sich jedoch um und zählte. »Nanu«, sagte er plötzlich, »wir sind doch dreiz-, doch nein, das ist nicht möglich. Nein. Zwölf sind wir.«

In Übereinstimmung mit meiner eigenen Zählung an diesem Tag zählten wir im Einzelnen immer richtig, in der Gesamtzahl wurde es aber immer einer zu viel. Es war keine Erscheinung, keine Gestalt zugegen, aus deren Anwesenheit man sich dies hätte erklären können;

aber ich verspürte jetzt eine innere Ahnung, welche Gestalt sicherlich kommen würde.

Die Geschworenen wurden in der »London Tavern« untergebracht. Wir schliefen alle in einem großen Zimmer auf getrennten Tafeln und befanden uns ständig unter der Aufsicht und den Augen des Beamten, der vereidigt war, uns in sicherem Gewahrsam zu halten. Ich sehe nicht ein, weshalb ich den wahren Namen dieses Beamten verschweigen sollte. Er war klug, überaus höflich und liebenswürdig und genoss (wie ich zu meiner Freude hörte) hohe Achtung in der City of London. Er hatte ein angenehmes Wesen, gute Augen, einen schwarzen Bart, um den man ihn hätte beneiden können, und eine schöne, klangvolle Stimme. Er hieß Harker.

Als wir uns nachts in unsere zwölf Betten legten, wurde Mr. Harkers Bett quer vor die Tür gerückt. In der Nacht des zweiten Tages hatte ich keine Lust, mich niederzulegen, und als ich Mr. Harker auf seinem Bett sitzen sah, ging ich hin, setzte mich neben ihn und bot ihm eine Prise Schnupftabak an. Als Mr. Harker die Prise nahm und dabei meine Hand berührte, überlief ihn ein seltsamer Schauer, und er fragte:

»Wer ist das?«

Als ich Mr. Harkers Blicken folgte und das Zimmer überschaute, sah ich wieder den Mann, den ich erwartete – denjenigen, der von den beiden Männern als Zweiter die Piccadilly entlanggegangen war. Ich erhob mich und trat ein paar Schritte vor; dann blieb ich stehen und sah mich nach Mr. Harker um. Er sah drein, als sei nichts geschehen, lachte und sagte in liebenswürdigem Tone:

»Ich dachte für einen Moment, wir hätten einen dreizehnten Geschworenen, der kein Bett habe. Aber jetzt sehe ich, es ist das Mondlicht.«

Ich weihte Mr. Harker nicht ein, sondern lud ihn ein, mit mir einen Spaziergang zum anderen Ende des Raumes zu machen und beobachtete währenddessen, was die Gestalt tat. Sie stand für einen kurzen Augenblick neben dem Bett jedes meiner elf Mitgeschworenen, dicht am Kissen. Sie trat immer an die rechte Seite des Bettes und ging immer am Fußende vorbei zum nächsten Bett herum. Sie schien, aus der Haltung des Kopfes zu schließen, lediglich in Gedanken versunken auf jede schlummernde Gestalt herabzublicken. Von mir oder meinem Bett, das dicht neben dem Bett von Mr. Harker stand, nahm sie keine Notiz. Sie schien an der Seite, wo der Mond hereinschien, durch ein hohes Fenster wie mittels einer aus Luft gebauten Treppenflucht wieder hinauszugehen.

Am nächsten Morgen beim Frühstück stellte sich heraus, dass jeder Anwesende in der vergangenen Nacht von dem Ermordeten geträumt hatte, bloß ich und Mr. Harker nicht.

Jetzt war ich so fest davon überzeugt, dass der Mann, der als Zweiter die Piccadilly entlanggegangen war, der Ermordete war (sozusagen), als wäre mir dies durch sein unmittelbares Zeugnis eingeflößt worden. Aber selbst dies geschah, und zwar in einer Weise, auf die ich in keiner Weise vorbereitet gewesen war.

Am fünften Tag des Prozesses, als die Beweisaufnahme sich ihrem Abschluss näherte, wurde ein Miniaturporträt des Ermordeten, das bei der Entdeckung des Verbrechens in seinem Schlafzimmer vermisst und später in einem Versteck gefunden worden war, wo man den Mörder hatte kriechen sehen, als Beweisstück vorgelegt. Nachdem es durch den Zeugen im Verhör identifiziert worden war, wurde es den Richtern vorgelegt, die es ihrerseits den Geschworenen zur Prüfung aushändigen ließen. Als ein Beamter im schwarzen Talar mit dem Bild zu mir herübergeschritten kam, drängte sich die Gestalt des Mannes, der als Zweites die Piccadilly entlanggeschritten war, stürmisch aus der Menge hervor, entriss dem Beamten das Bild, reichte es mir eigenhändig hin und sagte gleichzeitig, bevor ich das in ein Medaillon gefasste Bild anschaute, in leisem, hohlem Ton:

»Damals war ich jünger, und damals war mein Gesicht nicht in Blut gebadet.«

In gleicher Weise trat die Gestalt zwischen mich und den Mitgeschworenen, dem ich das Bild gereicht hätte, und zwischen diesen und den dritten Mitgeschworenen, dem dieser wiederum das Bild gereicht hätte; und in dieser Weise schritt sie an uns allen entlang und reichte allen das Bild und brachte es dann wieder zu mir zurück. Doch nicht einer von ihnen nahm dies wahr.

Bei Tisch und überhaupt fast immer, wenn wir unter Mr. Harkers Obhut zusammen eingeschlossen waren, hatten wir von Anbeginn an naturgemäß die Vorgänge des Tages fleißig durchgesprochen. Als an diesem fünften Tag das Anklageverfahren zum Abschluss gelangt war und wir diese Seite des Falles in vollständiger Form vor uns hatten, wurden unsere Erörterungen lebhafter und ernster. Unter uns war auch ein Kirchenvorsteher – bei weitem der verbohrteste Hohlkopf, den ich je gesehen habe. Dieser Mann trat den klarsten Beweisen mit den albernsten Einwänden entgegen, und ihm zur Seite standen zwei schlaffe Kirchspielschmarotzer; alle drei waren von einem Gerichtsbezirk einberufen worden, wo eine solch fieberhafte Aufregung herrschte, als stünden sie selbst wegen fünfhundertfachen Mordes vor Gericht. Als diese unseligen Dummköpfe am lautesten waren, was gegen Mitternacht der Fall war, als sich einige von uns bereits zur Ruhe begeben wollten – da sah ich abermals den Ermordeten. Die unheimliche Gestalt stand hinter ihnen und winkte mir zu. Als ich zu den drei Mitgeschworenen trat und mich an dem Gespräch beteiligte, zog sie sich auf der Stelle zurück. Das war der Anfang einer ganz besonderen Reihe von Erscheinungen, die sich auf dieses lange Zimmer beschränkten, auf das wir beschränkt waren. Sobald eine Gruppe aus meinen Mitgeschworenen die Köpfe zusammensteckte, sah ich den Kopf des Ermordeten darunter. Sobald sie Bemerkungen austauschten, die sich gegen ihn wandten, winkte er mir jedes Mal feierlich und unwiderstehlich zu.

Man möge sich erinnern, dass ich bis zu dem fünften Tag des Prozesses, an dem das Miniaturbild vorgezeigt wurde, die Erscheinung noch nie im Gerichtssaal gesehen hatte. Drei Veränderungen traten ein, als nun der Verteidiger das Wort ergriff. Zwei davon will ich gleich zusammen nennen. Die Gestalt war jetzt beständig im Gerichtssaal, und sie wandte sich dort niemals an mich, sondern immer an die Person, die gerade sprach. Zum Beispiel: Die Kehle des Ermordeten war quer durchgeschnitten worden. In der Eröffnungsrede des Verteidigers war angedeutet worden, dass der Verstorbene sich die Kehle am Ende selbst durchgeschnitten haben könnte. In diesem selben Augenblick trat die Gestalt, die Kehle enthüllend, die sich in dem beschriebenen entsetzlichen Zustand befand (der bisher verborgen worden war), an die Seite des Redners, fuhr sich in einem fort über die Luftröhre, bald mit der rechten, bald mit der linken Hand, und bewies so mit kraftvoller Gebärde dem Redner selbst, dass es unmöglich sei, mit einer von beiden Händen eine solche Wunde sich selbst beizubringen. Noch ein anderes Beispiel: Ein Leumundszeuge, eine Frau, sagte aus, dass der Angeklagte der liebenswürdigste von allen Menschen sei. Die Gestalt trat in diesem Augenblick auf die Dielen vor sie hin, sah ihr voll ins Gesicht und deutete mit vorgerecktem Arm und ausgestrecktem Finger auf das böse Gesicht des Angeklagten.

Die dritte Veränderung, die noch hinzuzufügen ist, machte als die deutlichste und verblüffendste von allen starken Eindruck auf mich. Ich gründe darauf keine Theorie; ich berichte nur genau und lasse damit die Sache auf sich beruhen. Obgleich die Erscheinung von denen, die sie anredete, selbst nicht bemerkt wurde, so war ihre Annäherung doch unabänderlich begleitet von einem Zittern oder sonst einer Störung auf Seiten der Person, zu der sie trat. Es scheint mir, als sei sie durch Gesetze, die mir nicht zugänglich waren, daran verhindert, sich anderen vollständig zu zeigen, und als könnte sie dennoch in sichtbarer, stummer und düsterer Weise ihre Gemüter überschatten. Als der Hauptverteidiger die Hypothese eines Selbstmordes in den Raum stellte und die Gestalt dem Juristen zur Seite trat, fürchterlich an ihrer aufgeschnittenen Kehle herumsägend, da geriet der Verteidiger ins Stocken, das ist nicht zu leugnen, und verlor für einen Augenblick den Faden seiner geistreichen Rede, wischte sich mit dem Taschentuch die Stirn und wurde blass wie die Wand. Als die Erscheinung der Leumundszeugin gegenübertrat, wandten sich ganz ohne Zweifel die Augen der Frau nach der Seite, wohin die Erscheinung mit dem Finger deutete, und blieben in großer Verlegenheit und heftiger Unruhe auf dem Gesicht des Angeklagten haften. Zwei weitere Beispiele werden genügen. Am achten Tag des Prozesses, nach der Pause, die früh am Nachmittag für einige Augenblicke der Ruhe und Erfrischung anberaumt war, kam ich mit den übrigen Geschworenen einige Zeit vor der Rückkehr der Richter in den Saal zurück. Als ich mich stehend von meinem Platz aus in dem Raum umsah, glaubte ich, die Gestalt wäre nicht da, bis ich zufällig die Augen zur Galerie erhob und sie dort erblickte. Sie neigte sich nach vorn und lehnte sich über eine sehr anständige Frau, als wollte sie sich überzeugen, ob die Richter ihre Plätze wieder eingenommen hätten. Gleich darauf schrie diese Frau laut auf, fiel in Ohnmacht und wurde hinausgebracht. So erging es auch dem ehrwürdigen, scharfsinnigen und geduldigen Richter, der den Prozess leitete. Als das Verfahren zu Ende war und er sich einen Gesamtüberblick über seine Papiere verschaffen wollte, trat der Ermordete durch die Richtertür herein, schritt auf das Pult Seiner Lordschaft zu und sah gespannt über seine Schulter hinweg zu seinen Papieren, die er umblätterte. Eine Veränderung vollzog sich auf dem Gesicht Seiner Lordschaft; seine Hand stockte; der absonderliche Schauer, den ich so gut kannte, durchlief ihn; er stammelte: »Entschuldigen Sie mich, meine Herren, auf einen Augenblick. Die schlechte Luft bereitet mir ein wenig Unwohlsein«; und er erholte sich nicht eher, als bis er ein Glas Wasser getrunken hatte.

Bei all der Eintönigkeit von sechsen dieser endlosen zehn Tage – immer dieselben Richter und andere saßen auf der Gerichtsbank, derselbe Mörder auf der Anklagebank, dieselben Anwälte am Tisch, derselbe Ton in Fragen und Antworten schallte zur Decke des Saales hinauf, dieselbe Feder des Richters kratzte auf dem Papier, dieselben Gerichtsdiener gingen ein und aus, dieselben Lichter wurden zur selben Stunde angezündet, sobald einmal am Tage natürliches Licht geherrscht hatte, derselbe nebelige Vorhang hing draußen vor den großen Fenstern, sobald es neblig war, derselbe Regen klatschte und tropfte, sobald es regnerisch war, dieselben Fußspuren von Gefängniswärtern und Gefangenem zeichneten sich Tag für Tag auf denselben Sägespänen ab, dieselben Schlüssel öffneten und schlossen dieselben schweren Türen – bei all der ermüdenden Eintönigkeit, die mir das Gefühl gab, als sei ich schon eine endlos lang Zeit Sprecher der Geschworenen und als habe Piccadilly zur selben Zeit wie Babylon seine Glanzperiode gehabt, büßte der Ermordete in meinen Augen nicht eine Spur von Deutlichkeit ein, noch sah ich ihn in irgendeinem Augenblick weniger deutlich als sonst jemand um mich her. Ich darf nicht zu erwähnen vergessen, dass ich die Erscheinung, der ich die Bezeichnung des Ermordeten beilege, nicht ein einziges Mal auf den Mörder blicken sah. Immer und immer wieder fragte ich mich erstaunt: »Warum tut er's nicht?« Aber er tat es nicht.

Auch mich sah er nach der Vorlegung des Miniaturbildes nicht mehr an, bis die letzten Minuten des Prozesses herannahten. Wir zogen uns abends um sieben Minuten vor zehn Uhr zur Beratung zurück. Der idiotische Kirchenvorsteher und seine zwei Kirchspielschmarotzer machten uns so viel zu schaffen, dass wir zweimal in den Saal zurückkehrten und uns gewisse Auszüge aus den Notizen des Richters noch einmal vorlesen ließen. Neun von uns hatten bei diesen Passagen nicht den geringsten Zweifel, wie auch, so glaube ich, nicht einer vom Gerichtshof. Das strohköpfige Triumvirat indessen verstand nichts weiter als Schwierigkeiten zu machen und widersprach uns aus diesem Grund. Schließlich aber drangen wir doch durch, und endlich kehrten wir Geschworenen um zehn Minuten nach zwölf in den Gerichtssaal zurück.

Der Ermordete stand um diese Zeit direkt gegenüber vom Platz der Geschworenen, auf der anderen Seite des Saales. Als ich meinen Platz einnahm, ruhten seine Augen mit großer Aufmerksamkeit auf mir; er schien befriedigt, und langsam warf er sich einen großen grauen Schleier, den er zum ersten Mal auf dem Arm trug, über den Kopf und die ganze Gestalt. Als ich unseren Urteilsspruch »Schuldig« abgab, sank der Schleier zusammen, alles war vorüber, und der Platz, wo die Erscheinung gestanden hatte, war leer.

Als der Mörder, wie üblich, vom Richter gefragt wurde, ob er noch etwas zu sagen habe, ehe das Todesurteil über ihn gefällt würde, murmelte er undeutlich etwas vor sich hin, das in den Tageszeitungen vom folgenden Tag bezeichnet wurde als »ein paar zerfahrene, unzusammenhängende, nur halb hörbare Worte, aus denen die Beschwerde herausklang, dass sein Prozess keinen gerechten Verlauf genommen habe, da der Sprecher der Geschworenen gegen ihn eingenommen gewesen sei.« Die merkwürdigen Worte, die er in Wahrheit sprach, waren folgende:

»Mylord, ich wusste, dass mein Stündlein geschlagen hatte, sobald der Sprecher der Geschworenen an seinen Platz trat. Mylord, ich wusste, dass ich ihm niemals

würde entrinnen können, weil er vor meiner Verhaftung auf irgendeine geheimnisvolle Weise nachts an mein Bett kam, mich weckte und mir einen Strick um den Hals legte.«

Anhang

Zu dieser Ausgabe

Die Übersetzung folgt der Ausgabe:

> Charles Dickens: Der ungeschäftlich Reisende. Station Mugby. Kleine Erzählungen. Ins Deutsche übertragen von Paul Heichen. Magdeburg: Magdeburger Verlags-Anstalt, [1900]. S. 23–42: *Im Tunnel* (*Der Bahnwärter*); S. 5–22: *Des Mordes angeklagt.*

Die Erzählung *Im Tunnel* (*Der Bahnwärter*; Originaltitel: *The Signal-Man*) ist Teil von *Mugby Junction*, einer Sammlung von Kurzgeschichten, die 1866 in einer Weihnachtssonderausgabe der Zeitschrift *All the Year Round* erschien. Die Texte dieser Sammlung stammten zum großen Teil von Charles Dickens, insbesondere die Rahmenerzählung, aber auch von anderen Beiträgern wie Charles Collins, Amelia Edwards u. a.

Des Mordes angeklagt (Originaltitel: *The Trial for Murder*) war ursprünglich ein Kapitel der Erzählung *Dr. Marigold's Prescriptions* (*Doktor Margolds Rezepte*), die 1865 in einer Weihnachtssonderausgabe der Zeitschrift *All the Year Round* erschien. 1866 veröffentlichte Dickens die Erzählung zusammen mit *The Signal-Man* und *The Haunted House* in einem Band mit Geistergeschichten, *Three Ghost Stories.*

Die Übersetzung wurde für die vorliegende Ausgabe durchgesehen und sprachlich behutsam überarbeitet.

Anmerkungen

7,4 *Flagge:* Mit farbigen Flaggen gibt der Bahnwärter Signale an einen herannahenden Zug. Das Schwenken einer roten Flagge bedeutet etwa »Halt«.

11,12 f. *nach dem roten Licht hin:* Die Rede ist hier vermutlich von einem damals üblichen Flügelsignal, also einem Mast, an dessen Spitze ein nach oben und unten klappbarer Arm (Flügel) angebracht war. Die verschiedenen Positionen des Flügels zeigten tagsüber Signalbegriffe wie »Halt«, »Langsam fahren«, »Freie Fahrt« an. Für die Dunkelheit war am Mast eine Signallampe angebracht, die die entsprechenden Signale durch Farben anzeigte (rot, grün, weiß). Heute sind Lichtsignale üblich. Bahntunnel waren im 19. Jahrhundert noch eine Neuheit und mussten regelmäßig überprüft werden. Ein Bahnwärter, der einen Posten am Tunnel innehatte, musste nicht nur den Tunnel und die Gleise davor überwachen, sondern außerdem die Signale bedienen und auf ihre Funktionstüchtigkeit überprüfen.

14,11 *Telegraphieeinrichtung:* Die Telegraphie ist die Übermittlung codierter Nachrichten über eine geographische Distanz. Hierbei werden die Bestandteile eines zu übermittelnden Textes (wie Buchstaben, Ziffern und Satzzeichen) als einzelne Zeichen übertragen. Die Zeichen werden über einen Code übertragen. Die Telegraphie ist eine sehr alte Art der Textübermittlung, eine übertragene Nachricht hieß telegraphische Depesche und ab 1852 auch Telegramm.

14,21 f. *Arbeitshäusern:* Arbeitshäuser waren seit dem 16. Jahrhundert Teil der ›Armenfürsorge‹. Dort wurden Bettler, Waisenkinder, Menschen ohne Einkommen, ehemalige Soldaten oder Prostituierte aufgenommen und zur Arbeit ›angeleitet‹. Das System diente einerseits dazu, diese Menschen aus der Öffentlichkeit zu entfernen, und andererseits, sie zu ›erziehen‹: Wer nicht arbeitete, sollte auch nicht essen. Die Einweisung in ein Arbeitshaus war strafrechtlich geregelt. Das erste Arbeitshaus wurde 1555 in London gegründet; das Konzept fand bald auch auf dem Kontinent Verbreitung, insbesondere in protestantischen Gegenden Deutschlands. In England wurden die Arbeitshäuser 1929 abgeschafft, in Deutschland endgültig erst 1969.

15,19 *Depeschen:* Eilsendungen, Telegramme.

20,12 f. *Ich ergriff meine Lampe, stellte sie auf Rot:* Die rote Signalfarbe zeigt »Halt« an; hier mittels einer Lampe, die der Signalwärter einem herannahenden Zug entgegenschwenkt. Tragbare Signallampen mit farbigen Wechselscheiben fanden bei Dunkelheit Verwendung; tagsüber waren Signalflaggen üblich.

20,24 *Kilometerschilder:* neben den Bahngleisen stehende Schilder bzw. Steine mit Ziffern, die den Abstand angeben; alle Bahnstrecken sind vermessen und mit Kilometer- bzw. Meterangaben versehen.

21,4 f. *tödlichen Entsetzen vor diesem Ort:* Nicht nur die geisterhafte Gestalt flößt dem Signalwärter Todesangst ein, sondern wohl auch der Tunnel selbst. In längeren Eisenbahntunneln kommt es durch die Enge und die beschränkte Luftzufuhr und -zirkulation zu Sauerstoffmangel, Wärme und hoher Luftfeuchtigkeit. Dieses sogenannte »Tunnelproblem« trat besonders im Zeitalter der Dampfloks auf. Sie verursachten dort einen extrem hohen Kohlenstoffmonoxidgehalt, der bei Zugunfällen im Tunnel zum Ersticken der Fahrgäste, des Personals sowie der Rettungskräfte führen konnte. Heute werden, neben diversen anderen technischen Vorkehrungen, längere Tunnel mit einem künstlichen Gebläse belüftet.

21,7 *Galerie*: Gemeint ist der balkonartige Laufgang über dem Tunnelportal, von dem aus man hinunter auf die Gleise sehen kann. Der Bahnwärter erreicht ihn über eine seitlich am Portal angebrachte Leiter.

21,15 *Gesichtssinn*: Auge(n).

22,1 f. *Telegraphendrähte*: Kabel, die zwischen Telegraphenmasten gespannt sind und die die codierten Informationen elektrisch übertragen.

40,14 *Sir David Brewster:* bedeutender schottischer Physiker (1781–1868); zehn Jahre lang Rektor an der Universität Edinburgh und Autor auch populärwissenschaftlicher Bücher. Brewster beschäftige sich mit Phänomenen des Lichts und der Optik; (Neu-)Erfinder des Kaleidoskops.

41,12 *Newgate*: Stadttor im Westen der römisch-mittelalterlichen Stadtmauer von London, zwischen dem westlicheren Stadttor Ludgate und dem östlicheren Aldersgate. Von 1188 bis 1902 befand sich am Newgate das berüchtigte Newgate-Gefängnis. Heute steht an dieser Stelle der Strafgerichtshof Old Bailey.

42,23 *Piccadilly*: Straße in London im Stadtbezirk City of Westminster, die zu den bekanntesten Straßen der Stadt gehört. Sie erstreckt sich über 1,3 km von Piccadilly Circus im Nordosten bis zu Hyde Park Corner im Südwesten.

49,6 *Old Bailey*: der Zentrale Strafgerichtshof in London; dort tagt das Krongericht (engl. *Crown Court*), das bedeutende Kriminalfälle des Vereinigten Königreiches verhandelt. Zu den berühmtesten Fällen gehören der Prozess gegen Oscar Wilde im Jahr 1895 und der gegen den als Yorkshire-Ripper bekannt gewordenen Serienmörder Peter Sutcliffe im Jahr 1981. Das Gerichtsgebäude steht dort, wo sich früher das mittelalterliche Stadttor Newgate und von 1188 bis 1902 das Newgate-Gefängnisses befand. Der Name geht auf die gleichnamige Straße zwischen der Farringdon Street und St Paul's Cathedral zurück, die der Bailey, der früheren Befestigungsmauer Londons, folgt.

50,7 *Temple Bar*: wichtigster zeremonieller Eingang zur City of London (von der City of Westminster aus), bis 1878 markiert durch einen steinernen Torbogen, heute durch eine Säule. Im Mittelalter dehnte London seine städtische Gerichtsbarkeit über die alten Stadtmauern und -tore hinaus aus. Dort wurden an Durchgangsstraßen Schranken errichtet, die den Handelsverkehr kontrollierten und als Bars bezeichnet wurden. Die berühmteste dieser Schranken war die Temple Bar; sie lag an der Hauptstraße zwischen dem politischen London (Westminster) und dem Handelszentrum von London (City of London). Der Name »Temple Bar« rührt von der Temple Church, einer nahegelegenen Kirche, die im 12. Jahrhundert von den Templern, einem Kreuzfahrerorden, errichtet wurde.

50,10 *Gas:* Im 19. Jahrhundert wurde die zuvor übliche Beleuchtung der Straßen mit Talg und später Öl (Rüböl, dann auch Walöl) auf Gas umgestellt. Dabei spielt das Aufkommen von Stadtgas eine wichtige Rolle; 1824 wurde in London das Unternehmen Imperial-Continental-Gas-Association mit dem Ziel gegründet, alle europäischen Großstädte mit Gas zu beleuchten. Hierfür wurde in Gaswerken Gas aus Kohle gewonnen und durch ein Rohrnetz zu den Straßenlaternen geleitet.

51,5f. *auf der Straße ausgestreutes Stroh und Lohe:* Im

19. Jahrhundert nahm der Lärm in Großstädten immer mehr zu; eine der vielen Lärmquellen waren die über das Kopfsteinpflaster rumpelnden Kutschen und Fuhrwerke. Zu den lärmdämpfenden Maßnahmen in besonders ruhebedürftigen Gegenden (etwa in der Nähe von Krankenhäusern und hier eines Gerichtssaals) gehörten u. a. auf der Straße ausgestreutes Stroh und Rindenstücke (Lohe).

54,3 *London Tavern:* auch: City of London Tavern; im 18. und 19. Jahrhundert eine bekannte Gaststätte in London, in dem Geschäftsleute verkehrten; auch Charles Dickens war dort zu Gast. Es wurden alkoholische Getränke und Essen serviert, und offenbar konnte man dort auch übernachten, wenngleich sehr einfach. Die »Tavern« lag an der Bishopsgate und war vom Gericht aus gut zu erreichen.

54,5 *Tafeln:* Vermutlich handelt es sich bei den *tables*, wie es im englischen Original heißt, um die im 19. Jahrhundert üblichen Tafelbetten; sie dienten tagsüber als Tisch, abends klappte man die Tischfläche hoch und legte sich in eine Art Kasten mit Tischbeinen.

54,15 *Harker*: In England ist *harker* der Spitzname für einen Lauscher oder Wichtigtuer.

57,23 *Kirchenvorsteher:* im engl. Original steht *vestryman*, von *vestry* ›Sakristei‹; gemeint ist also jemand, der nicht zum Klerus gehört, aber wichtige Verwaltungsaufgaben in einer Kirchengemeinde übernimmt.

58,3 *Kirchspielschmarotzer:* im engl. Original steht *parochial parasites*; eine Parochie bzw. ein Kirchspiel oder ein Gemeindebezirk bezeichnet die Gesamtheit aller Ortschaften, die zu einer Kirche und deren Pfarrer gehören. Der Begriff »Kirchspiel« war im 19. Jahrhundert üblich und wurde deshalb und aus klanglichen Gründen bewusst beibehalten.

59,18 f. *Leumundszeuge:* ein Zeuge oder eine Zeugin, der/die vor Gericht über die Charaktereigenschaften eines Prozessbeteiligten Auskunft gibt. Dieses Verfahren dient in einem Strafprozess dazu, den Angeklagten zu entlasten.

61,9 *Galerie*: hier: Empore.

61,19 f. *Seine Lordschaft*: Mylord; *My Lord / My Lady* oder *My Lordship / My Ladyship* ist noch heute die offizielle Anrede für Richter und Richterinnen an Gerichtshöfen in England und Wales.

62,18 *Sägespänen:* Auf Fußböden öffentlicher Gebäude wurden Sägespäne oder Strohhäcksel als Schmutzfänger verteilt, die man bequem auskehren konnte.

62,23 *Babylon:* Die am Euphrat gelegene Hauptstadt Babyloniens hatte ihre Blütezeit zwischen 1800 und 140 v. Chr.

Nachbemerkung

Charles Dickens ist zweifellos einer der bekanntesten englischen Autoren nicht nur des 19. Jahrhunderts, sondern überhaupt: Seinen Namen verbinden wir automatisch mit seinen großen Romanen *Oliver Twist* und *David Copperfield.* Letzterer ist stark autobiographisch geprägt und gehört zu den bedeutendsten Bildungsromanen der Weltliteratur. Nicht weniger bekannt ist seine Erzählung *A Christmas Carol* (*Ein Weihnachtsmärchen*), die von der märchenhaften – oder besser: mysteriösen? – Wandlung vom Bösen zum Guten des alten Ebenezer Scrooge handelt. Sie wurde als modernes Märchen unzählige Male illustriert, für das Theater adaptiert und verfilmt.

Weniger bekannt ist, dass Dickens auch Autor von unheimlichen Geschichten war (und Edgar Allan Poe beeinflusste) – obwohl das Auftreten von Figuren wie dem Geist der vergangenen, dem Geist der gegenwärtigen und dem Geist der zukünftigen Weihnacht im *Christmas Carol* eigentlich schon diesen Weg weist. Genauer betrachtet erinnert der Geist des verstorbenen Teilhabers von Scrooge an den Geist des Ermordeten in der Erzählung *Des Mordes angeklagt*, und die Visionen des Bahnwärters in *Der Tunnel* ähneln den Prophezeiungen des Geistes der zukünftigen Weihnacht – mit dem Unterschied, dass Ebenezer Scrooge die Warnung erkennt und zum besseren Menschen wird, während der arme, gewissenhafte Bahnwärter sich keinen Reim auf die undeutlichen Zeichen machen kann, an denen er fast verzweifelt.

Die Gewissheit, dass ein Unglück geschehen wird, und die gleichzeitige Unmöglichkeit, die Hinweise richtig zu deuten und damit das Unglück zu verhindern, treiben den Bahnwärter in einen unruhigen, fast depressiven Zustand. Als Leser haben wir es hier mit einer doppelten Ungewissheit zu tun. Wir begleiten den Erzähler, einen zufälligen Besucher, durch dessen Schilderungen wir den Bahnwärter kennenlernen, und erblicken durch seine Augen einen Menschen, der ihm und uns sofort durch ein eigenartiges Verhalten auffällt. Seine sonderbaren Fragen, seine Angespanntheit, aber auch die Schilderung des Ortes, an dem der Bahnwärter seinen Dienst zu absolvieren hat, entwerfen eine beklemmende Stimmung, die der Erzähler unter anderem durch einen »erdigen Totengeruch« (S. 10), der dort herrscht, beschreibt – für den geschulten Leser unheimlicher Geschichten ist das natürlich eine Vorausdeutung auf das kommende Unglück, auch wenn jedem dieser muffige Geruch feuchter Natur vertraut sein dürfte. Durch die Gespräche mit dem Erzähler wird uns der Bahnwärter allerdings als jemand vorgestellt, der über eine außergewöhnliche Bildung verfügt – er hat Philosophie studiert, sich eine Sprache selbst beigebracht und sich mit Mathematik und Logik beschäftigt. Umso befremdlicher erscheint daher sein Bericht über Geistererscheinungen, die ihm schon zweimal ein Unglück mit Todesopfern vorausgesagt haben und die ihn gegenwärtig vor einem weiteren Unglück warnen wollen. Der Erzähler will den Bahnwärter und damit auch sich und den Leser davon überzeugen, dass es sich um »sonderbare Zufälle« handelt, doch scheint er selbst nicht so recht an Zufälle zu glauben.

Zu dieser Ungewissheit in Bezug auf die Geistererscheinungen kommt die Ratlosigkeit des Bahnwärters, wie denn diese aktuellen Erscheinungen zu interpretieren seien. Die Verzweiflung des Bahnwärters überträgt sich geradezu auf den Leser, der sich unwillkürlich fragen muss, was das alles zu bedeuten habe. Als der Erzähler beim dritten Besuch den Bahnwärter schließlich tödlich verunglückt antrifft, ist noch immer unklar, ob alles »ein seltsames Zusammentreffen« ist oder nicht – doch der Schauer, den der Erzähler verspürt, als der Zugführer genau die Worte spricht, die der Erzähler sich im Stillen bei der Geistererzählung dachte: »Um Gottes willen! Aus dem Weg!« (S. 35), dieser Schauer läuft auch dem Leser über den Rücken.

Weniger rätselhaft, aber nicht weniger unheimlich ist die zweite Erzählung des vorliegenden Bändchens, *Des Mordes angeklagt.* Auch hier haben wir es mit Geistererscheinungen zu tun. Der Ich-Erzähler sieht zunächst von seinem Fenster aus den Ermordeten mit seinem Mörder auf der Straße gehen und zu ihm hochblicken. Während des Gerichtsprozesses, zu dem er als Sprecher der Geschworenen berufen wird, erscheint ihm der Ermordete dann immer wieder und gibt ihm stumme und für alle anderen unsichtbare Hinweise auf den Mörder. Erst als die Geschworenen den Angeklagten am Ende schuldig sprechen, findet die Seele des Ermordeten Ruhe. Auch hier steht die Ungewissheit im

Zentrum: Schon zu Beginn bemerkt nämlich der Erzähler, dass es extrem schwierig sei, über »ein seltsames Vorgefühl, einen seltsamen Impuls oder Einfall, eine (sogenannte) Vision oder einen absonderlichen Traum oder sonst einen merkwürdigen geistigen Eindruck« (S. 39) zu sprechen. Bereits die Überlegung des Erzählers, dass er Unglaubwürdiges erlebt hat, das er aber dennoch berichten möchte, hat eine unheimliche Wirkung auf uns als Leserinnen und Leser. Denn es handelt sich nicht um eine Gespenstergeschichte, die wir von vornherein als unterhaltsam, aber erfunden einstufen, sondern um eine Begebenheit, die uns die Grenzen von Einbildung und Realität in Frage stellen lässt. Auch hier ist es das Ende der Geschichte, das das Schaudern, das uns schon während der Lektüre beschleicht, zu einem Grauen werden lässt: Zwar mögen die Geistererscheinungen des Erzählers nur Einbildung einer überreizten Phantasie gewesen sein. Doch wenn am Ende des Prozesses der Angeklagte sagt, der Ermordete habe ihn eines Nachts geweckt und ihm einen Strick um den Hals gelegt – sozusagen den Strick, zu dem er soeben verurteilt worden ist –, dann kann sich wohl kaum jemand dem unheimlichen Schauer entziehen.

Von Dickens' Werken sind wir gewöhnt, dass sie

meist autobiographisch geprägt sind und soziale Missstände anprangern: Die Unterdrückung der Armen, die soziale Ungerechtigkeit, die Kinderarbeit. Das scheint auf den ersten Blick bei den vorliegenden Schauergeschichten nicht der Fall zu sei, doch auf den zweiten Blick erkennen wir auch hier Zusammenhänge mit dem Leben des Autors. Die Kenntnisse der Abläufe in Gerichtsverfahren und unter Geschworenen, die ihm für *Des Mordes angeklagt* nützlich sind, verdankt er seiner Arbeit als Schreiber bei einem Rechtsanwalt und als parlamentarischer Berichterstatter, und auch die Verhaftung seines Vaters hat ihn schon früh mit dem Innern von Strafanstalten vertraut gemacht. Der Vater war wegen Verschuldung ins sogenannte Schuldgefängnis in London gesperrt worden, wohin, wie damals üblich, die ganze Familie bis auf Charles selbst zog.

Noch eindrücklicher hat den schon viel älteren Dickens allerdings ein anderes Ereignis geprägt, das ihn zur Erzählung *Im Tunnel* inspiriert hat: Am 9. Juni 1865 überlebte Charles Dickens nur knapp den Eisenbahnunfall bei Stapelhurst in der Grafschaft Kent, bei dem mehrere Waggons von einer Eisenbahnbrücke abstürzten und zehn Menschen getötet sowie vierzig verletzt wurden. Dickens war in einem der wenigen Waggons, die nicht abstürzten. Er konnte hinausklettern und hat stundenlang versucht, Verletzten durch Einflößen von Brandy und durch in seinem Hut herbeigetragenes Wasser zu helfen. Er soll so auch Leben gerettet haben, aber die Angst hat ihn von da an begleitet, so dass er Eisenbahnfahrten weitestgehend vermied und, wo er nicht anders konnte, unter größtem Stress und Anspannung reiste. Dieses eigene Erlebnis sowie der Eisenbahnunfall im Clayton-Tunnel, der sich vier Jahr zuvor ereignet hatte, hat Dickens in seiner Erzählung verarbeitet.

Doch wie kommt ein Autor von Bildungsromanen überhaupt zum Schreiben von Schauergeschichten? Ab 1860 begann Dickens sich für paranormale Phänomene, Geistererscheinungen und Halluzinationen zu interessieren. Die Erkundung des Nicht-Rationalen, des Geisterhaften und des Unterbewussten wurde zu dieser Zeit, die geprägt war von rasantem technischen Fortschritt, immer beliebter, und viele Schriftsteller interessierten sich für solche mysteriösen Phänomene. Séancen kamen in Mode, Hypnose wurde als Methode in Medizin und Psychologie eingesetzt, und die Idee, mit der Welt des Übernatürlichen oder der Toten in Verbindung zu setzen, immer weiter verbreitet. Und so trat

Dickens als eines der ersten Mitglieder dem 1862 gegründeten Ghost Club bei, der sich mit der Erforschung paranormaler Phänomene wie Gespenster- und Spukerscheinungen, aber auch mit der Geisterjagd befasst. Neben Dickens waren auch andere berühmte Männer Mitglied, zum Beispiel Arthur Conan Doyle und William Butler Yeats. Auch wenn die Begeisterung für solche Phänomene im Lauf der Jahrzehnte nachgelassen hat, bleibt die Welt des Übernatürlichen bis heute ein Faszinosum. Das bezeugt nicht zuletzt der Ghost Club: Auch wenn der Club immer wieder vorübergehend geschlossen wurde, hat er bis heute überlebt und besteht noch immer.

Inhalt

Im Tunnel
5
Des Mordes angeklagt
37

Zu dieser Ausgabe
69
Anmerkungen
71
Nachbemerkung
80